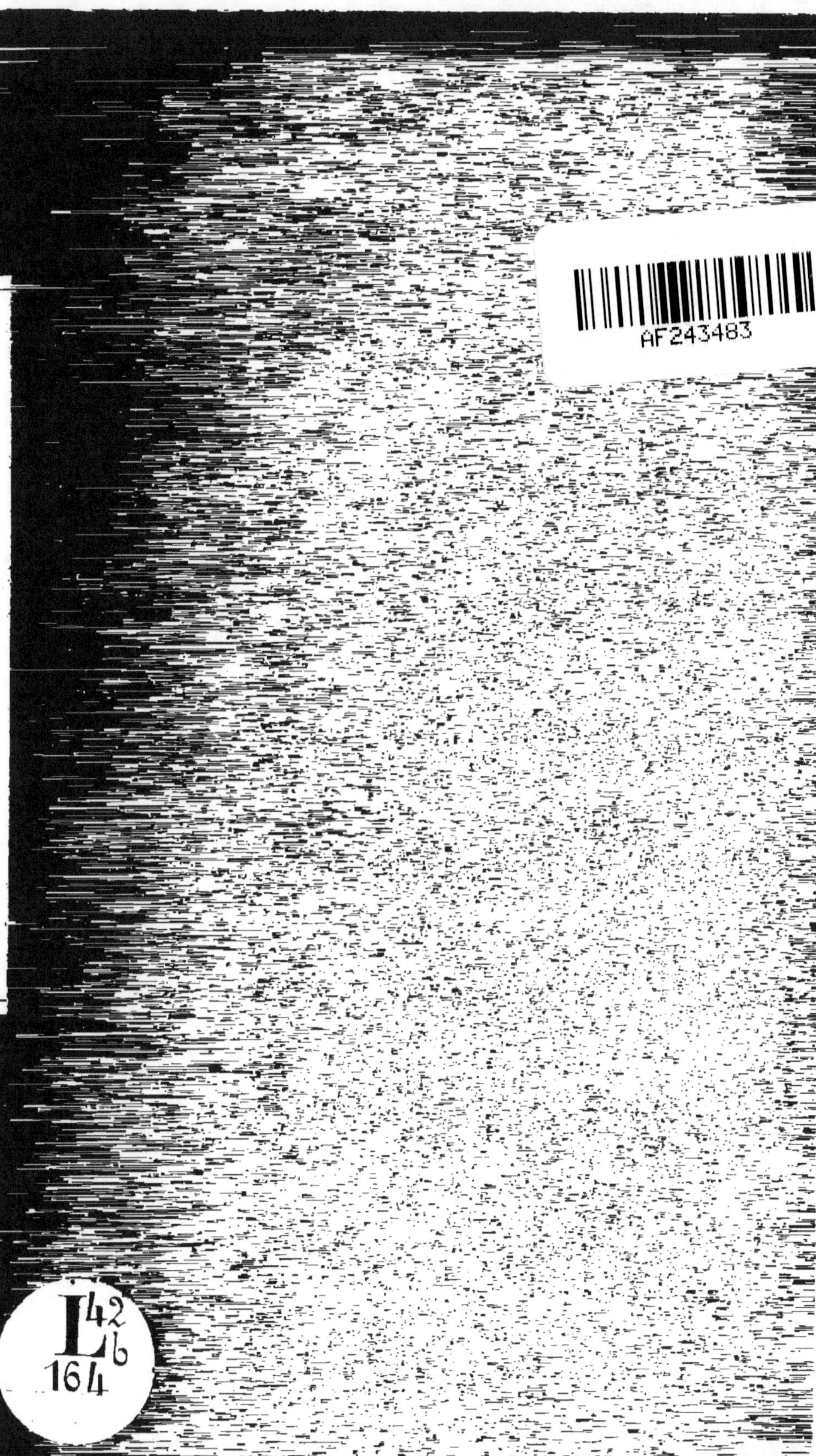

MÉMOIRE

SUR LE DROIT DE PATENTES

À ÉTABLIR

POUR L'AN CINQUIÉME.

« LE Commerce eſt une eſpèce de magiſtrature
» qui ne doit être confiée qu'à des mains pures.
» Je ne veux pas mettre de bornes à la liberté
» du Commerce ; mais je déſirerais que ceux
» qui veulent ſe livrer à ſes ſpéculations, *fuſſent*
» *tenus de préſenter un certificat de probité ſigné de*
» *quelques uns de leurs concitoyens.... L'honnéte*
» *négociant applaudirait à cette ſage précaution....*

» La conſtitution ne veut pas de privilège ;
» mais la nation a le droit de ſe réſerver la fa-
» culté de faire faire par elle-même tel ou tel
» ſervice pour l'intérêt et la ſûreté des particuliers,
» et pour que l'activité n'en ſoit jamais ralentie,
» tel que les fabrications des monnayes, l'affi-
» nage des métaux fins, les poſtes, les meſſage-
» ries, etc.

. . . .

. . . .

» Comme pour la garantie de ſa propriété plus
» expoſée que celle des autres citoyens, il (le
» commerçant) a beſoin d'une ſurveillance plus

A

» étendue et d'une protection plus active de la
» part des magistrats et de la force publique;
» que d'ailleurs il est membre du corps social
» qu'il a des facultés productives, il est juste
» qu'il contribue aux charges de l'état. *Ce tribut*
» *est plus moral que fiscal,* sans lui l'égalité serait
» rompue, et il y aurait véritablement privilège ».

Extrait du rapport fait sur les Patentes, au
Conseil des Cinq-Cents, par THIBAUT,
le 4 thermidor an 4.

Les voilà donc consacrés à la tribune du corps
législatif, ces idées et ces principes développés
dans deux mémoires remis par la Commission des
des contributions, au comité des Finances de la
convention nationale, les 12 pluviôse et 14 thermidor an troisième. Principes rejettés alors comme
beaucoup trop hardis, comme tendant à mettre
des entraves à la liberté du commerce, comme
contraires à la constitution naissante : idées qui,
soumises à l'examen de certains agens du commerce, contrariaient des intérêts trop chers
pour n'être pas jugées comme des paradoxes, peut-
être à l'instar du système de paix universelle de
l'abbé de S.-Pierre, comme le rêve de quelques
gens de bien.

Vainement on a dit et démontré que les patentes établies par la loi du 4 thermidor an 3,
le mode de leur délivrance, la faculté de les obtenir, accordée à tout venant, allait légaliser l'a-

giotage, et donner un caractère autentique à la tourbe de ces spéculateurs éphémères nés de la fermentation du papier-monnoie et des ruines du vrai commerce. Vainement le cri de leur conscience disoit-il aux examinateurs subalternes de ces vues patriotiques, qu'elles étaient fondées sur le sens, la raison, la politique et une sage prévoyance ; ils se sont retranchés à soutenir que l'agiotage ne pouvait pas être défini et qu'en conséquence tous les raisonnemens qui tendaient à le restreindre, tombaient d'eux mêmes : c'est ainsi que les partisans de la loi agraire prétendent que le vol est indéfinissable, et que les loix repressives de ce crime sont injustes et arbitraires.

Cependant l'évènement a complettement justifié les prédictions contenues dans le dernier de ces mémoires. L'agioteur s'est empressé de se munir d'un titre qui légitimait son brigandage, d'un titre avec lequel il pouvait dire au gouvernement : vous me faites surveiller ; vous menacez de tems en tems ma liberté, parce que je devore la substance de mes concitoyens, même la votre ; mais vous m'en avez conféré le droit et je l'ai payé. Le raisonnement était juste. Tourner à son profit les fautes du gouvernement est toujours le propre de tout être immoral.

Comment en effet, pouvait-on soutenir l'idée de faire délivrer, par un simple manutenteur de deniers publics, le titre qui devait constituer le négociant, qui devait devenir dans ses mains *brevêt d'honneur et de probité* (1), lorfque ce manutentionnaire n'avait pas même le droit de demander ou de s'affurer fi l'impétrant exerçait véritablement un négoce, lorfqu'il était obligé de s'en rapporter à fa fimple déclaration. Quel brevêt de probité que celui accordé par un receveur à prix d'argent, à tout individu qui le demandait, et fans aucune juftification d'état? Auffi que de patentes ont été délivrées, & à qui! Que d'agioteurs encore honteux, avant d'avoir obtenu leur brevêt, s'élancèrent, fans rougir, dans la carrière, dès qu'ils en furent pourvus! Et l'honnête négociant était au même niveau.

Graces foient rendues à la commiffion des finances: on voit, dans fon rapport et projet de loi, pour l'an cinquième, l'intention, bien prononcée, de réparer ces abus: cependant ce projet femble laiffer quelque chofe à defirer fous le point de vue moral et politique, et fous le rapport purement fifcal.

RAPPORT MORAL.

ART. PREMIER.

» A dater du premier vendémiaire de l'an
» cinquième de la république, il eft établi un
» droit de patente dans toute l'étendue de la
» république, et auquel feront foumis tous ceux
» qui voudront fe livrer au commerce. »

(1) Voyez le Rapport fait par Vernier, le 4 thermidor an 3.

Art. II.

» Ladite patente ne pourra être obtenue que
» sur une demande par écrit, adreſſée à l'admi-
» niſtration municipale du canton du négociant
« qui la requerra. »

Mais n'y a-t-il pas une contradiction tacite
entre ces deux articles, ou plutôt leur ſens ne
doit-il pas être plus préciſément expliqué.

En effet, il paraît réſulter du premier que,
pour ſe livrer au commerce, il ſuffira de ſe
munir d'une patente, et qu'elle ne pourra être
refuſée à tout ceux qui, voulant ſe livrer au
au commerce, ſe ſoumettront au droit.

En ce cas la porte eſt ouverte aux mêmes
abus qu'a fait naître la loi du 4 thermidor an
troiſième, la patente n'eſt plus un certificat de
probité, mais un titre bannal qui confond encore
le négociant utile et probe avec l'agioteur, *et le
pas que la commiſſion veut faire faire vers la
probité, la bonne-foi et la loyauté* (1) ne ſera
que marqué. Il ne ſera pas franchi.

L'article IV au contraire, laiſſe croire que les
adminiſtrations municipales pourront refuſer la
patente ; autrement il ſerait inutile que la demande en fut formée par écrit ; il ſuffirait que
le demandeur ſe préſentât comme il ſe préſente
aujourd'hui au receveur de l'enregiſtrement.

---

(1) Rapport de la commiſſion des Finances, page 4,
ligne 6.

Si la demande eſt formée par écrir, c'eſt ſans doute afin que, dans les cas douteux, elle puiſſe être vérifiée et refuſée.

Mais ſi tel eſt l'eſprit dè la loi, il eſt de la plus haute importance que cauſes de refus ſoient parfaitement prévues et préciſées.

Il importe également que les adminiſtrations municipales ne puiſſent faire un refus à un armateur notoirement avoué pour tel, à un marchand en gros ou en détail, ayant boutique ou magaſin ouvert et publiquement connu; au banquier et agent de change, dont l'état eſt conſtaté au tribunal de commerce; au jeune homme qui, voulant s'établir, rapportera un certificat de bonne vie et mœurs, ſigné de quatre négocians patentés, pour la branche de commerce qu'il voudra embraſſer, et notamment du dernier chez lequel il aura travaillé.

Les Patentes devront être refuſées à ceux qui, n'ayant aucun établiſſement de commerce commencé, ne ſeraient point munis de ce certificat et n'indiqueraient point le lieu de leur établiſſement prochain; parce qu'ils n'inſpirent aucune confiance, et ne peuvent ſe livrer qu'à un commerce obſcur.

Les courtiers ou agens de change actuellement patentés ne pourront obtenir de nouvelles patentes, qu'en produiſant un pareil certificat de deux banquiers ou marchands patentés, pour leſquels ils auront travaillé.

Ceux qui, fans être actuellement pourvus de patentes de courtiers ou agens de change, voudront en obtenir une, ne le pourront que fur un certificat de bonne vie et mœurs, figné de quatre marchands ou banquiers et agens de change patenté.

Ces précautions font d'autant plus néceffaires, que c'eft dans cette claffe que fe rencontre le plus grand nombre d'agioteurs.

Les employés dans les adminiftrations publiques, qui feront célibataires ou veufs fans enfans, et qui auront un établiffement de commerce, ne pourront obtenir de patentes qu'en renonçant à leurs emplois.

Elle fera refufée abfolument, pendant une année, aux mêmes employés, qui n'auraient aucun établiffement de commerce, quand même ils renonceraient à leurs emplois.

Ces mefures font juftifiées par cette double confidération, que les employés doivent tout leur temps à la chofe publique, et que ceux qui renonceraient à leurs emplois pour fe livrer au commerce, doivent au moins en faire l'apprentiffage ; jufque-là ils ne feraient que des intrus obfcurs et dangereux.

Et que l'on ne dife pas que ces précautions tendent à rétablir les anciennes corporations.

Eft-ce rétablir les corporations que de vouloir que les négocians foient probes ?

Que ceux qui veulent le devenir prennent

au moins une teinture de l'état qu'ils embraſ-
ſent, et ſe pénètrent des principes du commerce ?

Que d'expulſer du négoce cette tourbe de
jeunes étourdis, auſſi ignares que corrompues,
qui n'ont appris que celui du jardin-égalité, et
dont l'âme eſt déjà déflorée par le brigandage,
comme leur corps l'eſt par la pareſſe et la dé-
bauche ?

Ces meſures ſont au contraire celles d'un gouvernement ſage, qui voudrait raffermir le commerce dans les mains dont jamais il n'aurait
dû ſortir.

Alors le vœu de la commiſſion et celui des
négocians probes ſera rempli. Alors la patênte
ſera un titre honorable ; alors le commerce ſera
purgé des ſcories que la tyrannie y a jettées ;
alors enfin, il ſera permis à la police d'arrêter
et punir ceux qui ſans titre en uſurperaient l'e-
xercice.

Cependant, l'on doit s'attendre que pluſieurs
de ceux auxquels il ſerait refuſé des patentes,
auront à intenter ou à défendre en juſtice dans
le cours de l'an 5ᵉ, des actions réſultantes de
marchés ou ſpéculations faites dans le cours de
l'an 4ᵉ. Dans ce cas, il faudra bien délivrer
les patentes : mais celles de ce genre doivent
faire une claſſe ſéparée, intitulée *patente pour
eſter en jugement, et non pour commerce*. Et
il doit être enjoint aux officiers miniſtériels, de

ne jamais les remettre aux parties, mais les déposer au greffe du tribunal devant lequel la cause devra être portée, avant la signification des premiers actes de la procédure.

Celui qui voudra obtenir une patente de ce genre, *pour former une demande en justice*, devra être tenu de passer devant le juge de paix de son arrondissement, une déclaration indicative du nom de celui contre lequel il entend se pourvoir, de l'objet de sa demande et du tribunal devant lequel elle doit être portée ; l'acte de cette déclaration signé du juge de paix, devra être remis à l'administration municipale, avec la demande par écrit, afin d'obtenir patente.

Celui qui aura *à défendre* contre une demande formée contre lui, sera tenu seulement, pour obtenir la patente, pour ester en jugement de représenter l'exploit d'assignation qui lui aura été signifiée.

Quant à ceux qui ayant éprouvé un refus de patente pour l'an 5, auront néanmoins fait illicitement des opérations de négoce, qui entraîneraient des contestations, la patente pour ester en jugement, leur sera refusée absolument : ce sera à eux, à s'imputer d'avoir, au mépris de la loi, voulu exercer un état dont ils n'avaient pas été jugés dignes.

C'est ainsi que le droit de patente deviendra réellement *un tribut plus moral que fiscal ; et* qu'en ouvrant par les patentes ordinaires les portes du commerce loyal et honnête, le gouvernement imprimera une forte de flétriffure par les patentes, pour efter en jugement, à ceux qui auront ufurpé le titre de négocians, pour fe livrer avec fécurité à l'agiotage.

RAPPORT FISCAL.

A R T. V.

» Les patentes feront délivrées par les administrations municipales de canton, ect. »

A R T. V. I I.

» Le droit de patente fera perçu par le receveur du droit d'enregiftrement ».

Les deux articles ont befoin d'explications plus précifes.

La patente ne peut être délivrée que le droit n'en foit payé.

Il ne doit être payé que quand la demande par écrit, afin d'obtention de patente, fera admife.

Il faut en outre que le droit foit fixé, non pas par le receveur, mais par l'adminiftration chargée de la délivrance.

Enfin le titre ne doit être remis que fur le vû de la quittance de payement.

Il importe fur tout de ne délivrer aucun bulletin imprimé portant ordre de payement ;

l'expérience de 1791 et 1792 n'a que trop appris qu'une foule de contribuables, emportaient les bulletins fans payer le droit, et difaient : j'ai ma patente.

Un marchand préfentera fa demande par écrit; l'adminiftration; fi elle l'admet, l'émargera de ces mots : *bon pour une patente* de (par exemple) Marchand de foyeries en gros. Droit mille livres, et fignera.

Le mémoire ainfi émargé, fera remis au demandeur qui ira le préfenter au receveur, payera le droit, et rapportera fa quittance au pied de l'émargement. Alors l'adminiftration retirera le mémoire émargé et quittancé et délivrera le titre. Le mémoire et la patente porteront le numéro du regiftre de fouche.

Avec cet ordre rien ne pourra échapper, et la comptabilité du receveur fe trouvera néceffairement contrôlée par le regiftre de l'adminiftration.

Art. IX.

» Ne feront point compris dans les difpo-
» fitions de l'article précédent :
» Les arts, métiers et profeffions.

Art. XVI.

Troifième claffe du Tableau.

» Les fabricans par eux-mêmes et pour leur
» propre compte fuivant le tableau.

A 6

Il y a quelques contradictions entre ces deux artistes.

Suivant l'article 9, le serrurier, par exemple, le menuisier, le charpentier, le cordonnier ne doit point de droit de patente.

Or ils sont réellement fabricans pour leur propre compte ; ils achetent les matières, les façonnent et les revendent avec la main-d'œuvre, et cependant ils ne paroissent pas sujets à la patente, ni dans la seconde, ni dans la troisième classe du tableau.

Dans aucune classe on ne parle des marchands de bois à construire ou à brûler, à moins qu'ils ne soient considérés comme marchands en gros.

Si les arts, métiers et professions sont affranchis du droit de patente, ce ne peut être qu'autant que ceux qui les exercent se borneront à la main-d'œuvre.

Art. XI.

» Le patentes ne seront accordées que pour
» une année, *ou pour le prorata* du temps qui
» restera à expirer à dater du premier vendé-
» miaire de chaque année, lequel ne pourra être
» moindre de trois mois.

Cet article du projet favorise un abus qui n'a que trop eu lieu dans le cours de l'an 4.

Des marchands établis au premier vendémiaire de l'an 4, et sur-tout des fabricans pour leur propre compte, devaient le droit pour l'année entière ; ils ne se sont pourvus de leur patente qu'au mois germinal, par exemple, et parce que quelque circonstance les y a forcés, ils n'ont payé le droit qu'au prorata, c'est à-dire pour six mois : ils ont volé six mois à la République.

Or si les patentes peuvent encore être délivrées au prorata, la même friponnerie se répétera ; cet avantage ne doit être accordé qu'à ceux qui n'auroient point été établis au premier vendémiaire ; ceux au contraire qui devant le droit à compter de cette époque, ne se pourvoiront de leur patente qu'après le 30 vendémiaire, devront payer le double droit.

Trop long-temps les mauvais citoyens, qui ont différé le payement de leur contributions, et notamment de l'emprunt forcé, y ont gagné, il faut qu'enfin ceux qui sont toujours empressés de se mettre en règle, n'ayent pas une sorte de regret de leur exactitude.

Tableau du prix des Patentes.

» Armateurs, négociants *marchands en gros*, etc. . . . . 1,000 l.

Mais le marchand en gros dont le fond vaut 25,000 l. par exemple, payera donc autant que celui dont le fonds vaut 300,000 l. cette réflexion paroit mériter examen.

Deuxième classe.

» Agens de change, courtiers, etc. pour les
» communes au-dessus de 100000 ames. 500 l.

Et combien pour les communes au-dessous comme Nantes, Rouen, Orléans, Marseille, Lille, Strasbourg ?

» Marchands en détail en draperie, etc. pour les communes de 50 jusqu'à 100000 ames. 300 l.

Combien pour les communes au-dessus de 100000 et au-dessous de 50000 ?

» Fer et autres métaux, etc. . . . . . .

» Cuirs, Peaux, etc. . . . .

» Vins, liqueurs et vinaigres, etc. . . . .

» Tableaux, gravures, etc. . . . .
» pour les communes au-dessus de 20000 ames
» jusqu'à 50000. . . . . 150 l.

Combien au-dessus et au-dessous ? Sans doute l'intention de la loi n'est pas de dispenser de la patente les marchands de cette classe dans les communes au-dessous de 20000 ames, puisque ceux des communes au-dessous de 1200 seulement en sont exempts, il est donc nécessaire de fixer ces proportions.

Les mêmes observations s'appliquent à la troisième classe.

» Sont exceptés les arts, métiers ou profes-
» sions qui ne sont pas compris au présent tableau.

Raison de plus pour ne laisser rien à désirer sur les classes et les proportions, parce qu'autrement le marchand de vin, par exemple, d'une commune au-deſſous de 10000 ames, fut-il marchand de vin de Beaune, Aï, Grave, etc. auroit à dire, je ſuis marchand en détail et à la bouteille; la commune que j'habite eſt au-deſſous de 10000 ames, je ne ſuis point au tableau, je ne dois rien.

Les réflexions préſentées ſous les points de vue moral et fiſcal, quant à l'établiſſement des patentes, démontrent que leur délivrance doit être accompagnées de toutes les précautions néceſſaires pour n'en conférer le titre qu'à ceux qui en ſont dignes, et en percevoir le droit avec toute l'activité et l'étendue que la République a droit d'attendre. C'eſt ſur-tout dans les grandes communes que la vigilance doit être continuelle à cet égard.

L'égoïſme mercantile n'eſt malheureuſement que trop démontré. Le droit de Patente n'étoit rien l'année dernière, par l'effet de l'aviliſſement du papier - monnoie. Il favoriſait d'ailleurs ce commerce indéfiniſſable alors en activité. Chacun s'eſt empreſſé de ſe munir de ce titre, devenu, à ſi bon marché, le palladium des vampires de tout genre.

Aujourd'hui le droit de patente ſera plus onéreux; les mauvais citoyens chercheront à l'éluder ou à le diminuer, ſoit en déguiſant leur état, ſoit en différant de ſe pourvoir de leur titre. Il importe donc que les autorités chargées de la délivrance, puiſſent prendre les meſures néceſſaires pour aſſurer le recouvrement de ce droit.

Il importe de ne pas attendre que le débiteur du droit de patente fe préfente pour l'acquitter ; il faut au contraire, qu'il foit formé un rôle des redevables qui fera émargé à mefure que le regiftre de fouche fe remplira, afin que tous foient connus, tous ceux au moins dont le commerce eft en évidence ou notoire.

Tel eft d'ailleurs la conféquence de l'article XIII du projet de loi : il porte que ceux qui auront négligé de fe pourvoir de leur patente, payeront le double droit, et que s'ils s'y refufent, le commiffaire du Directoire exécutif fera fermer la boutique et magafin jufqu'au payement de la fomme.

Il y aura donc, et il doit y avoir des pourfuites. Pour les exercer il faut connoître les réclamations, pour les connoître il faut un rôle ; ce rôle doit être un dans chaque commune ; fi l'on en forme plufieurs, il n'y aura point d'enfemble, point d'uniformité ; les pourfuites ne feront point fimultanées : tout dépendra du plus ou moins d'activité des administrations municipales et de leurs commiffaires du Directoire exécutif. Les opinions et fyftèmes particuliers feront naître de l'incohérence dans les opérations. En un mot le droit de patentes doit rentrer dans la claffe des contributions ordinaires.

Sans contredit ce rôle ne contiendra pas les noms de ces négocians de greniers ou de boudoirs, qui fans aucuns fonds ni établiffement de commerce, ne connoissent que l'agiotage obfcur ; mais c'est précifément là un des avantages que l'on retirera de cette méthode, l'agioteur inconnu par cela feul qu'il fe trouvera hors du rôle, deviendra fufpect dans fon commerce, et s'il demande une patente, cette feule raifon motivera un examen, et l'exigence du certificat dont on a parlé au paragraphe premier.

Mais dans les grandes communes, fur tout à Paris, font-ce les adminiftrations municipales qui peuvent faire ce travail ? Et ne convient-il pas au contraire exclufivement à l'adminiftration chargée de l'affiette et répartition des contributions.

Les déclarations reçues par la commiffion des contributions, pour l'affiète de la contribution perfonnelle et fomptuaire de l'an 3, déclarations dont la collection eft complette, celles qu'il faudra inévitablement recevoir pour l'an 4; les minutes des rôles de cette contribution, celles de l'emprunt forcé font connaître exactement l'état et la qualité des individus; dès lors le rôle des Patentes fera facile à former dans ce centre de renfeignemens, et fi l'on eft convaincu de la néceffité de mettre dans le mode de délivrance des patentes, de l'unité, de l'uniformité et de l'enfemble, de l'avantage de pouvoir s'affûrer de l'état des requérans par leurs propres déclarations, fi enfin il eft démontré que le droit de patente fe lie naturellement aux contributions ordinaires; fi

fur tout dans ce centre feul d'adminiftration exif-
tent les moyens de conftater depuis quel tems
une maifon de commerce exifte comme telle; fi
enfin on eft pénétré que Paris étant la commune
où cette branche de revenu doit être du plus grand
produit, il eft auffi du plus haut intérêt d'en con-
centrer la direction dans les mains d'adminiftra-
teurs conftamment et exclufivement occupés au
fervice des contributions, et bien plus exercés à
ce travail que les adminiftrations municipales qui
ne le connaiffent pas, et occupées d'une foule de
détails étrangers qui abforbent déjà tous les mo-
mens des membres qui les compofent; on fentira
facilement que la commiffion des contributions
doit feule être chargée de la délivrance des Patentes.

On y trouvera d'ailleurs et l'économie, puifqu'il
exifte à la commiffion des bureaux tout prépa-
rés, tandis qu'il faudrait en créer dans les adminiftrations municipales, et le moyen de faire
rentrer les patentes de 1791, 1792, et de l'an
quatrième arriérées et non perçues.

De cette centralifation réfulterait un autre
avantage, c'eft que les pourfuites feraient exercées
à la requête d'un feul commiffaire du Directoire
exécutif, celui du bureau central du canton de
Paris. Parlà elles feront fimultanées; parlà ce
commiffaire connaîtra en un inftant contre qui il
doit les diriger.

Une dernière confidération fort de la liaifon

qui exiftera entre le bureau central et l'adminiftration chargée de la délivrance des Patentes. La
répreffion de l'agiotage et de ce commerce impur
auquel tant d'individus fe livrent, exigera-t-elle
quelques mefures de police contre ceux qui l'e-
xercent, le commiffaire du directoire exécutif
ayant en mains, et dans un feul point, tous les
moyens de connaître ceux auxquels il aurait été
fait refus de Patente, ferait en état de diriger ces
mefures, avec d'autant plus de certitude, qu'il
pourrait à tout inftant fe procurer les liftes des
refufés et des non-patentés.

Il en ferait tout autrement avec douze adminiftrations divifées, agiffant chacune fur un plan
particulier, fans uniformité et dans des tems
différens, et quant à la formation des rôles et
quant aux pourfuites, et l'on n'héfite pas à garantir
que l'expérience prouvera invinciblement la jufteffe
de ces réflexions ; pour s'en convaincre d'a-
vance, que l'on jette les yeux fur la conduite
des adminiftrations municipales en général, en ce
qui concerne les contributions, on voit que pref-
que nulle part la contribution perfonnelle de l'an
3, n'eft en recouvrement, et que beaucoup de
rôles de la contribution foncière font encore à
faire. Les Patentes iront de même.

Maintenant eft-il plus avantageux que la perception du droit de Patente foit confiée aux receveurs de l'enregiftrement, qu'aux percepteurs
des contributions ?

Si l'on s'attachait à la simple valeurs des mots, il est hors de doute que la perception du droit de Patente appartient aux percepteurs des contributions.

En effet, le droit de Patente est incontestablement une contribution directe, puisqu'elle frappe immédiatement les facultés du négociant comme la contribution foncière celle du propriétaire, puisqu'elle est graduée sur le plus ou moins d'étendue de ces facultés, présumée par la nature du commerce, puisqu'elle est annuelle et fixe dans ses proportions, comme les contributions directes, puisqu'enfin elle n'est ni éventuelle, ni successive, ni subordonnée aux consommations, aux actions, aux importations et exportations, au luxe, etc. comme les contributions indirectes.

Or, ce point bien démontré, il en résulte que les percepteurs des contributions directes le sont de droit des patentes.

Mais laissant de côté cette question de mots, on doit sentir que si les patentes doivent indispensablement être perçue sur un rôle, comme les contributions directes; ce rôle doit être remis aux percepteurs de celles-ci; car il ne peut y avoir dans une commune plusieurs percepteurs des contributions directes sur rôles.

D'ailleurs si à Paris la délivrance des Patentes est centralisée, comme l'intérêt public exige qu'elle le soit; la perception ne doit en être confiée qu'aux receveurs qui sont sous la surveillance immédiate de la commission des contributions. En général encore puisque ce sont les administrations municipales qui sont chargées de la délivrance des patentes, il semble d'autant plus naturel que ce soient leurs percepteurs qui soient chargés de la recette qu'elles n'ont que peu ou point de surveillance à exercer sur les receveurs de l'enregistrement.

A Paris encore, une considération politique milite en faveur des percepteurs ordinaires des contributions.

Depuis long-tems ces percepteurs n'ont pas trouvé dans leurs attributions, on ne dira pas de quoi exister, mais même de quoi payer leurs frais; il est impossible que le gouvernement ne les indemnise. Or rien n'est plus facile que de les indemniser indirectement au moins en partie, en leur attribuant des taxations sur le montant des patentes à prendre même, si l'on veut, en dehors du droit, pour que le droit reste net au trésor public. Le gouvernement par ce moyen fera une économie, et peut être les circonstances exigent-elles que la mesure soit générale.

En soumettant ces réflexions à la commission des Finances, la commission des contributions ne cherche nullement une nouvelle étendue de fonctions : son but est de voir les patentes ce que la commission des Finances veut réellement qu'elles soient ; le certificat d'honneur des négo-

cians probes et utiles, le titre d'expulſion des
intrus du commerce, une branche utile de re-
venus pour le tréſor public, et la délivrance de
ce titre conduite de manière à remplir ces vues.
Des intentions pures et patriotiques ont été ſon
ſeul mobile.

Paris, ce 24 Thermidor, an quatrième.

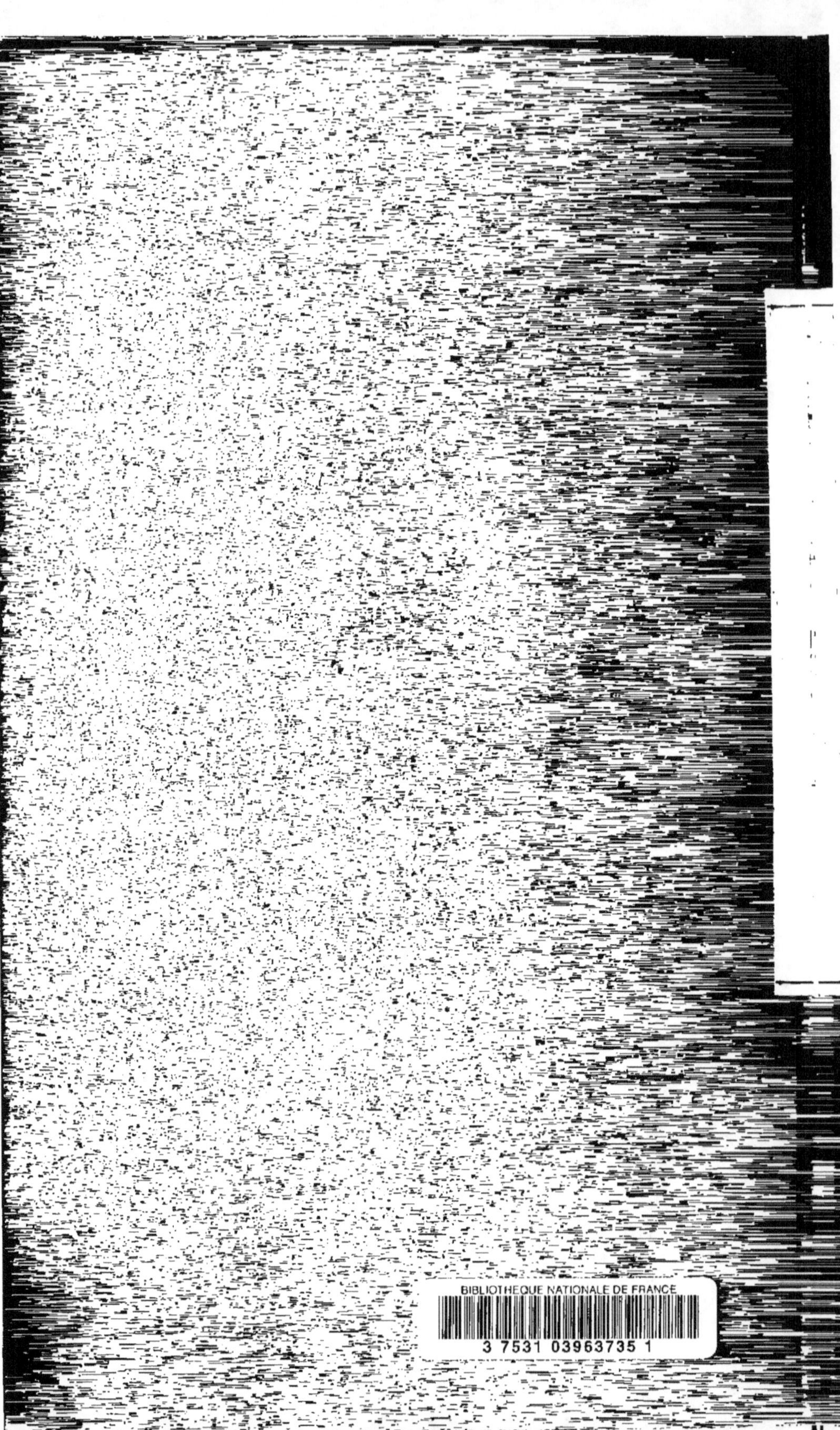